図解　30分でわかる

日本が財政破綻しない たしかな 理由

Modern Monetary Theory〈MMT〉の本当の説明
モダン　　　マネタリー　　　セオリー

川村史朗
KAWAMURA Fumio

文芸社

CONTENTS

お金とは何なのか？

思い込みのお金の仕組み

「ないところからお金が生まれる!?」

　これを読まれている読者の方々は、「お金のないところから、新たなお金が生み出される」と聞いた時、どのように感じるでしょうか？

「そんなはずがない」

「お金持ちが周囲からお金を集めて、ますますお金持ちになるのが世の常ってもんだ」

　そう思う人も多いのではないでしょうか？

　確かに、一部の投資家や資産家が株などに投資して、さらにお金持ちになっていく。昨今、世界はそのとおりの世の中になっています。しかし、当たり前ですが、資産家は自分でお札を刷ってさらにお金持ちになっているわけではありません。

　最初からいきなり結論を書きます。

　"お金はないところから突然生み出される"、それが現在の貨幣システムの事実なのです。

　図を使って簡単に説明します。多くの方は、銀行は次の絵のように、お金のある人の預金を使って別の人に貸している。その際の利息で稼いでいる。そう思っ

ています。

金邪産業

Kanenaru
サービス

みらい銀行

借金　利息を付け
て返済

槍手小五郎

金亡者五郎

ファンド

Yononaka
金田ファンド

現代の通貨発行システム

　しかし、先の図は事実ではありません。本当は、お金はないところから突然生み出されているのです（細かい話は割愛した上で、平易に説明します）。

　"信用創造"と呼ばれている現代の金融システムを次の図で説明します。

銀行は、融資を求めている槍手さんの預金通帳に、ただ「100万円」と記入するだけで、**元手なし**でお金を貸しているのです。その代わりに銀行は「借用書」を作って銀行内に保管します。

　きっと読者の方は気付かれたと思います。

「**元手なし**でお金を貸すということは、これまで世の中になかったお金が突然生み出されたってことじゃないの？」

　そのとおりです。突然お金が現れたのです。そして、絵の中では、槍手小五郎さんがその後銀行にお金を返すと、借用書が消えると同時に貸し借りしていた100万円が世の中から消え、元の何もなかった状態に戻ります。このやり方で世の中ではお金のバランスを取っているのです。

　現在のこのシステムを"信用創造"と言います。ですから、槍手さんは本当はお金を借りたのではないのです。**銀行から通貨を発行してもらった**のです。

　先の絵の場合、国のお金を作ったのは、日銀でもなければ政府でもありません。あなたが借金すると、民間銀行でお金が生まれる（通貨が発行される）のです。

　絵の中の槍手小五郎さんが言った「100万円貸して！」という言葉は、正確には「100万円を発行して！」と表現するのが正しいのです。

　MMT（Modern Monetary Theoryの略。現代貨幣理論）を理解するために最も大事な事実のすべてが、上の絵と言っても過言ではありません。**「世の中のお金（預金を含む）の合計額は、世の中の借金の合計額と等しい」**のです。

　つまり、誰かの持っているお金は他の誰かの借金です。さらに言えば、借金する人がいなければ、世の中にお金は存在しません。これが現在の金融システムの根幹です。

「そんなのおかしい」と思う人もいるかもしれません
が、事実、そうなっているのだから仕方がありません。

　では、民間銀行は誰に対しても、いくらでもお金を
発行するのか、といえばもちろんそうではありません。
銀行は借用書を持っていますから、もし槍手さんが期
限までに銀行にお金を入金しなければ、銀行側に借用
書が残ってしまい、いわゆる"貸し倒れ（不良債
権）"が発生するので、銀行は赤字になってしまいま
す。
　ですから、銀行が「この人はこれくらいのお金だっ
たら、後日利息付きでちゃんと持ってきてくれるだろ
う」と考える額がお金の発行額（融資額）の上限にな
ります。

注）正確には、銀行が借り手に対してお金を発行する際、各銀
　　行はその約1%のお金を保有している必要があります（準
　　備預金制度）が、これは急激な預金の引き出しに備えるた
　　めの制度で、実質的には無視して構いません。

国債とは何なのか

　では、"国債"とは何でしょうか？　言うまでもなく、政府の借金です（実質上は返済義務がないので、「借金」という表現は間違っていますが、ここでの説明は「借金」とし、順を追って説明します）。

　政府が借金をしたということは、先ほどの説明のとおり、同額の通貨が日本で生み出されたのです。借金がお金を創造する、ということを常に意識してください（借金なしに資本主義は成り立ちません）。

　では、政府は誰に借金（通貨発行の依頼）をしたのでしょうか？　答えは中央銀行（日銀）です。正確に言うと、回りまわって結局政府が日銀に借金しているのと同じこと、というのが厳密な説明になりますが、ここでは分かりやすくするために、「政府が日銀に借金をした（通貨発行を依頼した）」としておきます。

　最も理解しやすく表すと、次の絵のようになるでしょう。

　ニュースなどでは「国の借金」と報道していますが、その表現だと外国からお金を借りているような間違った印象を受けてしまいます。「政府の借金」と表現するのが正確です。

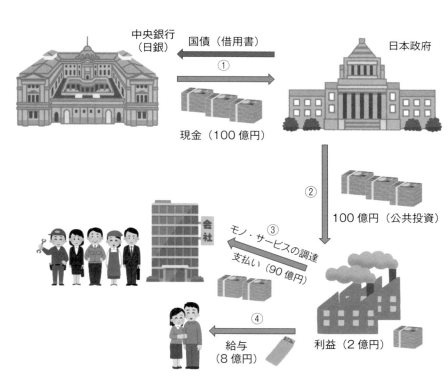

中央銀行 (日銀)　国債 (借用書)　日本政府
①
現金 (100 億円)

②
100 億円 (公共投資)

会社　③ モノ・サービスの調達
支払い (90 億円)

④ 給与 (8 億円)　利益 (2 億円)

　ここで日銀は誰かのお金を政府に貸したのでしょうか？　違いますね。"信用創造"によって通貨が作り出され、政府に供給したのです。そのお金を、政府は"政府支出（財政支出）"によって民間に回したということになります。

　大切なことは、日銀は政府の子会社です。事実、日銀はJASDAQへ上場している正真正銘の株式会社で、政府は日銀の株を過半数所有しているため、日銀の決算は政府の収支に加えられます。したがって、政府の発行した国債に対して、実質的に政府には返済義務がありません。

　さらに、政府が発行している国債に付いている利息は貸し手の日銀の利益になりますが、日銀の利益は株主である政府に戻されるので、差し引きゼロなのです。つまり、"国債"とはいわゆる借金ではなく、政府による単なる"通貨発行"なのです。

　正確な国債発行のプロセスは次の絵のようになります。国債をいったん民間銀行が購入し、その国債を日銀が購入します。これは、法律上、「原則的に日銀が政府の国債を直接購入してはいけない」となっているために面倒なプロセスを使っていますが、同時に法律では「国会が決めれば、日銀が直接政府の国債を買い取っても良い」となっているので、普通に理解するには、先ほどの絵だけを理解すれば十分です。

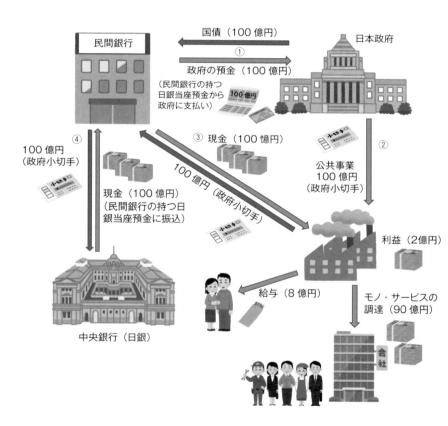

民間銀行

国債（100億円）
①
政府の預金（100億円）
（民間銀行の持つ
日銀当座預金から
政府に支払い）100億円

日本政府

④
100億円
（政府小切手）

③ 現金（100億円）

小切手

②
公共事業
100億円
（政府小切手）

現金（100億円）
（民間銀行の持つ日
銀当座預金に振込）

100億円（政府小切手）

利益（2億円）

給与（8億円）

モノ・サービスの
調達（90億円）

中央銀行（日銀）

会社

　前の絵の①から④の流れを簡単に解説します。ここで登場する日銀当座預金とは、民間銀行や政府が日銀に持っている預金口座のことです。

①政府の発行した国債は民間銀行に買い取ってもらい、政府は資金を得ます。
②政府が得た資金は"政府小切手"という名前に変わり、公共事業の対価として民間企業に渡されます。
③企業は、政府小切手では社員に給料を払えないので、「現金に換えてください」と言って、政府小切手を民間銀行に渡して現金化します。
④その後、企業から民間銀行に持ち込まれた政府小切手は、「日銀当座預金」として日銀に預けられます。

「あれ？」と思われませんでしたか？　最初に民間銀行は自分が日銀（当座預金）に預けているお金を使って国債を買ったのです（＝日銀当座預金の減少）。その代金は、最終的に同額が日銀から民間銀行の持つ日銀当座預金に振り込まれるのです（＝日銀当座預金の増加）。
　政府の発行した国債は、政府の子会社である日銀に同額が戻り、その過程で"信用創造"によって増えた通貨が民間に投入されることになります。

このことは何を意味しているのでしょうか？

繰り返しになりますが、"国債発行残高" とは、政府による "通貨発行総額" を意味しているのであって、誰にとっても借金にはなっていないのです。日銀には政府小切手が溜まりますが、ただ数値（通貨発行の総額）として溜まっていくだけです。

さらに大切なことは、**国債は同額が民間の預金になる**ということです。最初に説明したとおり、「流通している通貨の量」＝「誰かの借金」です。政府が国債という**名目上**の借金をすることで、民間の預金が同額増えたのです。

テレビなどでは「国債は将来の子供たちのツケ」という説明をしますが、これは間違いです。「国債発行によって国民にお金が供給され、国民が助かっている。国債は誰にとっても返済義務のない通貨供給」というのが真実です。

そのことを示すデータが次のグラフになります。

世間を騒がせているとおり、1990年代以降、政府の国債発行残高はうなぎ上りに増え、約300兆円だったのが、2018年には約800兆円になりました。しかし、民間の預金も国債を発行すると共に増えています。これは偶然なのでしょうか？

先ほど説明したとおり、偶然ではなく当たり前の結果なのです。国債の発行は民間への資金供給です。誰

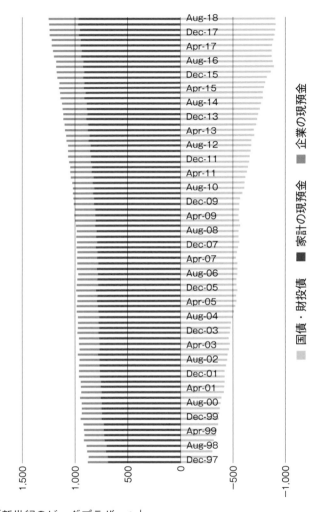

「新世紀のビッグブラザーへ」
https://ameblo.jp/takaakimitsuhashi/entry-12431003394.html
より

かの借金は他の誰かの預金ですから、政府の借金（敢えて借金と呼びます）は民間の預金になります。ここでは、先に説明したとおり、政府の借金（国債）は日銀に対して返済義務がない上に同額が民間に供給されるため、国全体での財政は悪化しません。これが、**国債は、実質的には借金ではなく通貨供給**という根拠です。政府が民間に対して通貨供給を行ったので、民間の預金が同額増えるのは当然です。

　ある政治家のこんな話を聞いたことはないでしょうか？
「民間の預金が十分な間は誰かが国債を買ってくれるので財政破綻しないが、いずれ政府の借金が民間の預金を上回ったら財政破綻する」
　しかし、民間の預金は原理的に政府の借金を上回ることはあり得ませんし、中央銀行（日銀）が存在する限り、国債の買い手がなくなることはないのです。
　国債の発行額が増えるにつれて、民間預金も同額増えるので、国債発行残高が民間預金を上回ることは原理的に起こり得ず、上の政治家さんは貨幣のシステムを理解していない、ということです。
　さらに間違いを指摘すると、最終的に国債を保有するのは日銀であり、家計が購入する国債の額はごくわずかです。上の政治家さんは、民間の預金から国債を

このまま政府が借金を増やしていけば、いずれ国債を購入できる人がいなくなってしまい、財政破綻してしまう。一刻も早く消費税を増税しなければならない！

買ってもらっている、と思い込んでいますが、国債は**日銀と政府間のやり取りによる通貨発行**であり、民間預金を増やすのです。

デフレとインフレの本質

　では、次に移ります。国債をどれだけ発行しても財政破綻しないのなら、今すぐに1,000兆円でも2,000兆円でも国債を発行するのが良いのでしょうか?

　国債をどれだけ発行しても財政破綻しないとは言っても、実際には国債発行には適切な額があります。その理由は、一度に多額の国債を発行すると過度なインフレーションをもたらすからです。

　インフレ(物価上昇)やデフレ(物価下落)とはどのように理解すれば良いのでしょうか?

　インフレ率5%とは、100万円の価値が1年後には95万円になることですね。物価が上がるのだから、同じ金額で買い物できる量は少なくなります。

　その反対に、デフレ率5%では100万円の価値が次の年に105万円になります。

　問題は、なぜインフレーションやデフレーションが起こるのか、です。世間では様々な説明がなされますが、実際は単純です。

「世の中へのモノ・サービスの供給」<「世の中の需要(資金)」(供給不足)だとインフレになり、「世の中へのモノ・サービスの供給」>「世の中の需要(資金)」(供給過多)だとデフレになるのです。次の絵はデフレの状況を示しています。

　世の中に出回っている資金に対して、モノやサービスの供給が過剰な場合、物価が下落してデフレとなります。非常にシンプルです。これが現在の状況です。

「デフレでもいいじゃないか。待っていればどんどんモノが安くなるんだから」と言う方もおられると思います。しかし、デフレは経済にとっては深刻な病気の状態です。
「待っていれば安くなる」という状況は、消費を減少させ、さらに消費の減少は生産の減少につながります。生産が減少すれば、雇用や給料が少なくなる、という悪循環を引き起こします。つまり経済の縮小による貧困化です。

日本に住む人は誰もが20年間もデフレの悪影響を受け続けています。1人当たりの平均給与は、デフレの間に約60万円も減ってしまいました。夫婦で働いているのであれば、1年に120万円の減少です。これは物価の下落率を大きく超える給与の減少です。日本は先進国（OECD加盟国）中、最も豊かな国から最も貧しい国の一つへと転落したのです。これは大袈裟でも何でもありません。

　最近ニュースになっている実質賃金の減少は、このデフレの影響なのです。

　企業にとっても、デフレの状況下では設備投資を行いません。デフレとは"供給過剰"の意味ですから、新たに工場を建てたりしてもモノは売れません。また、待てば待つほどお金の価値が上がるのですから、儲かった分はそのまま貯蓄してしまいます。企業にとって投資する環境になく、利益を貯蓄するのが正解です。この企業の貯蓄の行為が"内部留保"です。

　日本は長年のデフレによって、企業の内部留保額は400兆円以上あると言われています。

デフレから立ち直る唯一の方法

　では、このデフレという病気を治すにはどうすれば良いのでしょうか？
「世の中へのモノ・サービスの供給」＞「世の中の需要（資金）」がデフレなのですから、「世の中へのモノ・サービスの供給」＜「世の中の需要（資金）」にすれば良いのです。その方法は単純です。

　供給を減らすか、需要を増やすかのどちらかです。

　実際に第一次世界大戦後にドイツがハイパーインフレーションになりましたが、これは戦争によって、生活必需品を生産する多くの工場が被災してなくなってしまったためです。

　強制的に供給を減らすなどということが民主主義の国でできるはずがありませんし、工場などを減らしてしまえば、新たに失業の問題が起こります。

　ということで、デフレという病気を治すには政府が財政支出して〝需要を増やす〟以外に方法がないのです。つまり、世の中で言われていることとは正反対で、現在の**日本は国債発行が少なすぎる**のです。

　読者の方は、次のように思われるかもしれません。「需要を増やす（＝世の中のお金を増やす）ためにアベノミクスをやったんじゃないの？　なぜアベノミク

スをやってもデフレのままなの？」

クックローダ日銀総裁

　アベノミクスのニュースで、何やらのお金が2倍だ
の3倍だのと聞いたことがあるかと思います。
　具体的には何を2倍や3倍に増やしたのでしょう
か？
　答えはマネタリーベース。簡単に言うと民間銀行の
持つお金です。もともと民間銀行が持っていた国債を
日銀が買い取ることで、銀行は手元の現金が大きく増
えます。上の絵のクックローダ総裁は「民間銀行がた
くさんお金を持てば、みんなにたくさんお金を貸すか
ら市場に資金が供給されるだろう」と考えたのかもし
れません。
　その結果、10年ほど前に日銀が持っていた国債の
割合は約5%でしたが、アベノミクス以降45%を超え

るところまで増えました。しかし残念ながら、結局デフレから抜け出すことはできませんでした。なぜアベノミクスは失敗したのでしょうか？

　ここで、信用創造の基本に戻ってください。**銀行はお金を持っていなくても、民間にお金を貸す（通貨を発行する）ことができる。**これが経済の大原則でしたね。

　ですから、マネタリーベース（銀行の持っているお金）の多い少ないにかかわらず、お金を貸して欲しいという人が増えない限り、銀行からの貸し出し額（通貨発行額）は増えないのです。その結果、アベノミクスによって民間銀行の持つ現金（マネタリーベース）を増やしても、銀行からの貸し出し（通貨発行）は増えることはなく、世の中への資金供給に失敗したのです。

　ここで大事な点は、アベノミクスで増やしたのは銀行の持つ手持ちの現金であって、国債発行はむしろ減らし続けた点です。デフレを脱却するには、世の中（市中）に出回るお金を増やすことが必要です。そのためには、国債を発行するか、民間銀行からの貸し出しを増やすしかありません。民間銀行の手元の現金を増やしても無意味なのです。

　さらに言えば、景気が良くならない以上、民間銀行からの貸し出しは増えないので、結局唯一の解決策は、

政府が国債をさらに増発する以外に現状を変える手段はないということです。

　アベノミクスは銀行にとってはいい迷惑です。デフレによって金利は下がる一方ですので、銀行は仮に融資先を見つけて貸し出し（通貨発行）を行っても、お金が戻ってくる時、雀の涙ほどの利息しか受け取れません。しかも、貸し出し先のない現金を日銀に預ければ、マイナス金利なので利息が付くどころか、反対にお金を取られてしまいます。それで、銀行は苦しんでいるのです。

　マネタリーベースを増加させてもGDPが増えない

民間銀行

$ (お札)

間時目　銀太

お金がなくても貸せるのに、「貸せ貸せ」と言われて現金持たされても、どうしたらいいの？
どんなに利息を下げても、デフレじゃ借りてくれる人が居なくて困ってるんだって。

民間銀行の持つ
国債を日銀が
買い取り

銀行の持つ資金（マネタリーベース）の増大

日銀

なぜ、こんなにいっぱい銀行にお金を持たせたのにデフレを克服できないの???

クロちゃん、ほんとにお金の仕組みわかってる?

クックローダ日銀総裁

ことは次のグラフからも明らかです。

　GDP、財政支出額、マネタリーベースの3つを重ね合わせると、1996年まではほぼ重ね合わさるように推移しています。ところが1997年、政府は財政支出（国債発行）の抑制と消費税増税を実施します。さらにその後アベノミクスによってマネタリーベースを増やし始めます。すると、GDPはピッタリと財政支出と重なって推移します。どれだけマネタリーベースを増やしてもGDPとは無関係であり、GDPは財政支出によって決まることは明白です。

　常にお金の基本を忘れないことが大切です。

　民間銀行は、手元に持っているお金を貸すのではありません。手元にお金がなくても通貨を発行して借り手にお金を渡せるのです。ですから、アベノミクスでやったように民間銀行が手元に持つ現金を増やしても意味がありません。

日本のGDP/財政支出/マネタリーベースの推移
（1970〜2016年、1980年=100）

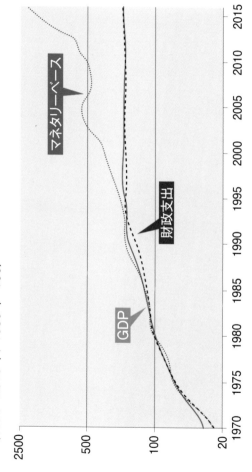

※島倉原『日本経済の長期停滞をもたらした緊縮財政』（『表現者クライテリオン』2018年3月号）より転載。
※内閣府及び日本銀行統計より作成（GDPと財政支出は年間合計、マネタリーベースは年間平均で、いずれも名目値）。
※財政支出は、GDP統計上の公的部門の投資と消費を合計したもの。v

適切なインフレの効果

　何をおいても、まずはデフレからインフレに向かわせることが大切であることは説明しました。唯一の正しい解決の道が「需要を増やす」ことであることも理解されたと思います。そのためには、インフレになるまで国債を発行して政府支出を増やすべきです。

　あまりにも"財政破綻論"に脅されてきた国民にとっては驚くべきことかもしれませんが、これが事実です。
「世の中の需要（資金）」が「モノ・サービスの供給」を超えるまで国債を発行して財政支出をすれば、必ずデフレからインフレに転じます。

　インフレになれば「供給」＜「需要」なので、世の中はモノやサービスの提供を求めています。全体としてみれば、「企業が設備投資すれば儲かる」状態になるのです。

　そうなると、企業は内部留保で貯めていた数百兆円ものお金を初めて使い始めます。さらに、設備投資すれば儲かるので、手元資金が足りない場合、企業は銀行にお金を借ります。つまり、銀行で新たな通貨が発行されます。そこまでいけば民間銀行から世の中に資金が供給されるので、もう新たに国債を発行する必要はありません。つまり、経済が縮小から拡大へ転じる

お金を貯めても、お金の価値が下がるのだから、早く使った方が良い。しかも、モノを買ってくれる人は必ずいるのだから会社を大きくしよう。

圭栄舎 次郎

のです。

　国債を発行して需要を促せばデフレからインフレになる。とてもシンプルな話ですが、このように説明すると、次のような反論が起こります。

「プライマリーバランス」は改善しなくて良いのか？

　政府の支出が税収よりも多くなれば（プライマリーバランスが赤字）、借金は増える一方じゃないか？という指摘が頻繁に報道されています。

　先ほど説明したとおり、民間銀行に日銀当座預金を使って購入してもらった“国債”は、同額が日銀当座預金に戻ってきます。ですから、何度でも同じループを使って国債を発行することが可能です。さらに、国債を発行した額はそのまま民間の預金になるので、国全体としてのバランスシートが悪化することはなく、財政破綻することはありません。

　それどころか、プライマリーバランスをプラスにすることは、デフレの状況下ではいびつな経済状態なのです。

　プライマリーバランスがプラス（政府の税収が支出よりも多い）ということは、民間の貯蓄を政府が吸い取っている状態です。政府が黒字になれば民間は赤字です。誰かの貯金は他の誰かの借金というのは、これまでに説明したとおりです。

　過度なインフレの状態であれば、需要を減らすために増税して貯蓄を吸い上げても良いのですが、デフレの状態では、プライマリーバランスをプラスにすると、さらに需要を減らすことになるので一層デフレは進行

し、国民の貧困化は加速します。

　ここで、もし政府が適正額（仮に20兆円）の新たな国債を発行することで需要を喚起してインフレ率が3％になったとします。インフレとはお金の価値が下がることなので、1,000兆円という債務残高は、実質的に30兆円の負債が減ったことになるのです。すると差し引き10兆円、政府の財政は改善します。

　事実、ほとんどすべての国がこのようにして経済を運営しています。日本もかつてはそうでした。

　政府が国債を発行してインフレになることによって、物価が2倍になったとしても10万円だった給料が30万円になれば国民は豊かになり、政府の借金は実質的に増えなかったのです（財政破綻しないのだから、政府債務残高を減らす必要すらないのですが）。

　しかし、ある時から「借金1,000兆円」という言葉にみんなが震え上がるようになってしまいました。
「もし国債の利率が上昇したら、雪だるま式に借金が増えてしまうのではないか？」
　国債の最終引き受け手は日銀なので、現実的にこのようなことは起こり得ないのですが、「もし国債の利率が上昇したら……」というあり得ない仮定を想像して、怯えてしまったのです。

鯉住 総理

改革なくして日本の再生なし！
公務員削減！　大学へのお金の
支給削減！　税金で食べている
人の給料は下げるべし！

いっそのこと、正規労働者を
ジャンジャン非正規労働に切り
替えれば、みんな低賃金で一生
懸命働くに違いない！

岳仲 大臣

そうだ、そうだ！

　そこで、日本政府は公共投資などの支出を大幅に削
減する方向に舵を切りました。これがいわゆる小泉改
革と呼ばれた財政健全化政策（プライマリーバランス
の改善）です。

　こうなると、給料を減らされた誰もが倹約し、非正
規雇用に切り替えられた労働者は将来に備えて貯蓄し
ます。当然ながら急速に「需要」は減少し、世の中は
「供給過剰」による急激なデフレの進行に直面するこ
とになりました。

　次々に政権や首相が代わっても同じ勘違いは続き、
一層の緊縮財政が続けられます。

将来の世代に負担を
残してはいけない！
高齢化社会に向けて
消費税増税すべし！

乃駄 総理

責任ある政治が必要なの
です！　手遅れになる前
に増税が必要なのです！

阿辺 総理

　多くの方は、安倍政権になって以降、アベノミクス
によって政府支出が増えていると思っているかもしれ
ませんが、政府支出の伸び率はゼロ％の超緊縮財政
です。その後、菅政権ではコロナ問題で財政支出を増
やしましたが、従来以上の緊縮財政を目指しています。

　デフレの状況で緊縮財政を続ける限り、需要が供給
を上回ることは原理的にあり得ません。つまり、国民
が貧しくなることは自明なのです。

　起こり得ない財政破綻に怯えるあまり、緊縮財政を
行った結果、この20年間の世界の平均経済成長率は
プラス139％という中、日本の経済成長率は18％（ド
ル建てではマイナス20％）で、ドル建てでは世界で
断トツの最下位になってしまいました（次ページの
図）。そして、世界における日本のGDPシェアは

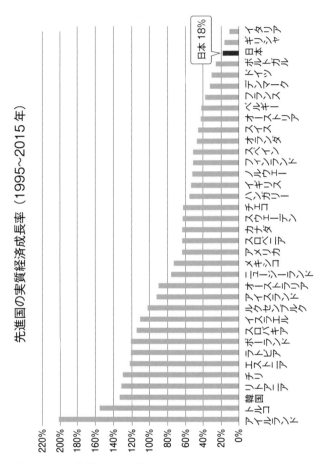

先進国の実質経済成長率（1995～2015年）

出典：国際通貨基金IMF「世界経済見通し（World Economic Outlook）」

17.3%から5.9%まであっという間に激減したのです。

　前ページの図は、日本が緊縮財政を始めて以降の20年間の各国のGDPの成長率を示しています。中国はプラスが大きすぎて図に入りきれませんし、アメリカはプラス60%という中、日本は財政破綻したことで有名なギリシャとほとんど変わりません。

　2021年現在、ついに日本の1人当たりのGDPは韓国を下回っています。

　世界の中で日本は完全に取り残されていることが分かってもらえたかと思います。

　次の図は1年当たりの財政支出の伸び率とGDP成長率の関係を表したグラフです。

　財政支出の伸び率とGDP成長率はきれいな直線を描く比例関係になります。世界で日本だけが20年もの間、起こり得ない財政破綻に怯えて緊縮財政を続けた結果、世界から取り残されたことが分かります。

　政府は高齢化社会が原因、と言いますが、高齢化以前の1990年代からデフレはすでに始まっていました。

　1990年代と言えば、読者の皆さんは貧困化の理由はもうお分かりですね。消費税です。消費税とは国民が消費することに対する罰金です。デフレ時に消費税を増税すれば、さらに供給過剰が進むことは当たり前です。

【名目財政支出伸び率と名目GDP伸び率の関係（1997年⇒2013年、年換算、29か国）】

名目GDP伸び率

$y = 0.9495x - 0.0002$
$R^2 = 0.9107$

アメリカ

フランス

日本

ドイツ

イタリア

カナダ

イギリス

名目財政支出伸び率

※出所：内閣府、米統計分析局、韓国銀行、豪統計局、アイスランド統計局、OECD
（日本とオーストラリアのみ、財政支出に公的企業の支出を含む）

なぜ、アベノミクスで株価が上昇したのか？

　アベノミクスを支持する方々の主張として「株価の上昇」があります。

「アベノミクス以降、株価が上がっているじゃないか？　アベノミクスは効果があったのだ」という主張です。

「なぜ株価が上昇したのか」については以下に説明します。

「景気が悪いのに株価が上昇している。実体経済から乖離（かいり）している」

　こんなニュースを聞いたことがあるかと思います。そもそも「実体経済」とは何なのでしょうか？

　実は、実体経済という言葉に意味はありません。単にフィーリングで使っているだけです。もし定義があるのなら、「実体経済から乖離」と言う際、乖離率〇〇％と表現できるはずです。

　しかし、景気が悪くても株価が上昇している理由は説明できます。現在日本ではマイナス金利政策を取っているせいで民間銀行の金利はほとんどゼロです。銀行にお金を預けても増えることはありません。では、お金持ちはどのように行動するでしょうか？

　儲かっている会社の株を持っていれば配当金が付き

ます。株への投資にはリスクもありますが、優良企業の株をまんべんなく持っていれば、銀行に預けるよりも確実に多くの配当金を手に入れることができます。そのため、お金持ちはお金を銀行に預けるよりも、株を購入することを選びます。

　さらに三つの理由によって株を購入するリスクは下がっています。

　一つ目は、GPIF（年金積立金管理運用）やETF（日銀の株購入）によって株価が上昇する可能性が高いということです。もし日本の企業の株価が大きく下がってしまうと、中国をはじめとする外国の企業に日本の会社がどんどん買い取られてしまいます。このリスクを防ぐために、現在は日銀が日本の会社の株を大量購入して株価を下支えしています。

　二つ目の株価上昇の理由は「ストックオプション制度」です。今、企業の役員は、給料を現金でもらうか、自社の株でもらうかを選択することができます。給料を株でもらうことを選んだ場合、当然株価は上がって欲しいでしょう。

　最も簡単に株価を上げるにはどうすれば良いでしょうか？　自社の利益で自分の会社の株を買えば良いのです。これを自社株買いと言います。会社が利益を上

げてもデフレのために設備投資する環境にはありません。銀行に預けても金利はほぼゼロです。となれば、自社の利益で自分の会社の株を買えば、株価が上がり、もらえる給料が増えます。

　株価上昇のもう一つの理由は円安です。もちろん円安になれば輸出企業は儲かりますが、ここに大事な要素があります。円安になると、外国人投資家にとって日本の株は相対的に安くなります。同じドルで購入できる株の数が増えるのですから当然です。したがって、外国人投資家に日本企業の株が買われることによって株価は上昇することになります。
　しかし、これは日本の経済にとって良いことでしょうか？　日本の企業の収益は配当金を通して海外に渡ることになります。株価が上昇した時点で売り抜けた一部の投資家は儲かるかもしれませんが、株の価格が上がったからといってそのまま需要の増加にはつながりません。当たり前ですが、みんなが何かを消費するために株を売れば株価は下落するからです。結局、株価の上昇はGDPの増加には寄与しないのです。

　このような理由によってデフレにもかかわらず、日本の株価は上昇し続けているのです。実体経済という言葉には意味がありませんが、株価の上昇にはちゃん

と理由があります。かといって、私は読者の方々に株への投資を勧めているわけではありません。もし株を購入するなら「仮に損をしたとしてもこの会社を応援したい」という気持ちで行動することをお勧めします。

　株価の上昇では我々の所得は増えないのですが、数年前、アベノミクスでなんとなく景気が良くなった雰囲気になってきました。そんな中、多くの政治家の"政府の借金は減らすべき"という思い込みから、再び消費税を5%から8%に、その後さらに10%に増税してしまいました。

　3%、5%の消費税増税は需要の強力な抑制として働きます。国民全員の給料をある日突然3%あるいは5%減らしたと思ってください。消費をそれだけ減らすので、またデフレに逆戻りしてしまったというのが今の日本です。

　しかし、すでに日銀は、もともと世の中に出回っていた国債の半分近くを買ってしまっていましたから、これ以上同じ政策を続けることはできません。そしてアベノミクスは手詰まりになったのです。

ギリシャはなぜ財政破綻したのか？

　現在、政府の債務残高はGDP比で約230%を超えています。財政破綻したギリシャの180%を大きく超えているため、財務省や一部の経済学者は財政破綻目前だと警告しています。

　しかし、ギリシャは180%で破綻し、日本は230%まで増えても破綻の兆しは一向に見えません。それどころか、日本の国債はほとんど利率がゼロで取り引きされるほど安定しています。

　ニュースなどで円のことをよく「安全資産」と言っているのを聞いたことがあるかと思います。世界で戦争など不安になる出来事が起こると、世界中がこぞって円を欲しがります。これはどう理解したら良いのでしょうか？

　まず、ギリシャが財政破綻した背景を理解することが大切です。

　ユーロ発足当時、ギリシャはユーロに加盟していませんでした。ヨーロッパでは、多くの国が同じ通貨を使って、人・モノ・お金が自由に行き来できれば、経済が大きく発展するという理想を掲げていました。

　ユーロ経済圏は当初、目論見どおり多くの国が豊かになり、ユーロの構想は大成功したかのように見えま

した。

　そこで、ギリシャを含む多くの国がユーロ経済圏に入りたがったのです。しかし、ユーロに入るためには、「政府債務残高がGDP比で5％以下であること」という厳しい条件があったのです。そこでギリシャ政府は実際よりも債務が少ないように見せかけてしまいました。

　その後、ギリシャで政権交代が起こり、新たに政権についた政府が財務状況を見ると、これまで旧政権が言っていた内容と違うことに驚きました。

　新政府は前の政権の嘘を公表し、大混乱となりました。

　しかし、いったんユーロに移行したギリシャでは、中央銀行の機能はすでに欧州中央銀行に移っていたため、自分で財政・金融政策を決める権利をなくしていたのです。欧州中央銀行が決めた政策金利はすべての国で適用されるので、ギリシャの財務状況に見合う金利に変更することが許されません。また、政府債務はユーロ建てなので、自国の通貨を発行して返済することもできません。これがギリシャの財政破綻の経緯です。

　日本とギリシャではお金の仕組みが本質的に異なるのです。ですから、日本の債務残高のGDP比をギリ

シャと比較することには意味がありません。

MMT に対する批判

国債発行はハイパーインフレを引き起こす!?

　国債発行による悪影響として多くの方が心配するのが、国債の発行を増やしたら"金利が短期間に急上昇し、ハイパーインフレーション（悪性インフレ）"が起こる、というものです。答えから言えば、**国債発行は金利の上昇を引き起こしません。**そもそも財政破綻しないのだから、政府債務残高が増えても、"円"に対する信用がなくなることはありません。

　信用がなくならないのだから、金利が急上昇するようなことは起こりません。

　テレビなどでもハイパーインフレを危惧するような論説を時々耳にします。しかし、目指すべきはデフレからインフレに状況を変えることです。これまで説明してきたとおり、インフレとは「世の中へのモノ・サービスの供給」<「世の中の需要（資金）」ですから、インフレ率を見ながら適切に財政支出を行えば急激なインフレにはなりません。

　さらに、インフレ対策はすでに日本が実証しています。何度も消費税増税を行った結果、デフレから抜け出せなくなったのですから。

急激なインフレが起こった時の対策について、もう少し説明します。消費税重視から所得税重視に変更することが、過度なインフレ対策には有効です。

　個人所得が増えインフレになった時、所得税の累進課税制度は過度な消費を抑制するため、自動的にインフレを抑制します。これを「ビルトインスタビライザー」と言います。

　一方、消費税は消費に対して全員が同じ税率を支払うので、消費の抑制効果が小さくインフレ抑制への効果が限定的です。税制を消費税重視から所得税重視へ変更することがインフレ・デフレの安定化に寄与することになります。

日本は多額の国債を発行できる特別な国

「日本の国債は円で発行されているので、中央銀行が存在する限り財政破綻しない」と聞くと、「自国通貨の国は日本以外にもたくさんある」と反論される方もいます。そのとおりなのですが、この本の最初にもう一つ大事な点を書きました。"インフレーションが過度にならない限り"国債を発行し続けられる、ということです。

　実は、中央銀行を持っている多くの国が多額の国債を発行できないのは、この問題があるためです。例えば、車や家電製品などを国産で作ることができない国が、多額の国債発行（通貨発行）をしたとしましょう。すると、国民の所得が増えた分、みんなが車や家電製品を欲しがりますから、すぐに供給不足になり過度なインフレになってしまいます。しかし、日本では自国で生産できないものはほとんど存在しません。すぐに思いつくのは大型の航空機くらいでしょうか。

　国民の所得が増え、みんながモノを欲しがったとしても、すぐに生産を増やすことができるために、過度な供給不足つまりインフレになり難い国なのです。このまま日本が国債発行を抑制し続ければ、日本の産業が衰退することは確実です。そうなってしまえば、自国で生産できない製品が増えてしまい、インフレにな

りやすい国になってしまいます。

　日本は長年にわたるデフレで最悪の経済状態が続き、貧困化の道を歩んでいます。国債とは単なる通貨発行ですから、手遅れになる前に手を打ってもらいたいものです。

MMTは財政破綻の延命措置!?

　上の見出しは、私自身がある大学の先生から批判された内容です。借金が膨れ上がっているのだから、MMT理論を背景にしたテクニックで延命措置を取っても意味がない。結局はさらに緊縮財政にして借金を減らすべきだ、というのです。

　しかし、MMTのどの部分が単なるテクニカルな事項で、どこが間違っているかについては指摘をされません（できません）でした。おそらく、国債残高（政府債務残高）＝通貨発行量、ということを理解されなかったのだろうと思います。「ごちゃごちゃ言うな。借金は返すべき」という固定観念に捉われると、どれだけ説明しても理解してもらえないようです。

　家計の借金と国債は本質的に異なること、国債は通貨供給である、ということをきちんと理解することが大切です。

インフレは急に止められない!?

　国債発行とインフレーションの関係は大切なので、もう少し説明を加えましょう。

　ある大学教授の方が雑誌に寄稿していたMMT批判です。いったん、財政出動してインフレを引き起こし、その後インフレ対策を行うために増税しようにも国会での審議に時間がかかるので、その間にインフレが止められなくなる、というのです。これはもう言いがかりというレベルの話です。

　例えば、財政出動によってインフレ率3〜4%になり、その後増税によるインフレ抑制に1、2年の国会審議を要したとします。その間にインフレ率が数十%になることなどあり得ません。

　先に説明したとおり、インフレ率は、需要と供給のバランスから決まります。確かに400兆円を超える内部留保が、突然市場に放出されれば急激なインフレになるでしょう。

　しかし、1、2年の間にすべての企業がいっぺんに内部留保を吐き出すなどという理由がありません。戦争で被災でもしない限り、ハイパーインフレを引き起こすような供給不足が起こることはないのです。

　現在心配されている東南海地震の被害の規模が、東日本大震災の時をはるかに超えるような場合は、工場

の稼働停止、交通・通信インフラの麻痺によって過度なインフレになり得ますが、それは財政出動しようがしまいが起こる、別の問題です。

　さらに、教授先生は国会審議による増税以外のインフレ対策がないかのように主張していますが、金融政策は日銀の専権事項です。日銀では総裁を中心とする委員会によって金融政策を決定し、即実施されます。増税の国会審議（財政政策審議）の間、金融政策によってインフレ対策をすれば良いだけの話です。

お金についてちゃんと理解した時、なにが変わるか？

消費税減税は国債発行と同じ効果

　これまで国債発行による財政出動の必要性を説明してきました。しかし、それでもなお新たな国債発行に悪い印象を抱いている方もおられるかもしれません。

　もう一つの提案として減税するのはどうでしょうか？　重要なことはデフレ下では、「世の中へのモノ・サービスの供給」＞「世の中の需要（資金）」となっています。世の中で使えるお金を増やすもう一つの方法は、言うまでもなく"減税"することです。

　繰り返しになりますが、"消費税"とは国民が消費をすることに対する罰金です。需要を喚起する必要がある今の状況で消費に対して罰金を科すのは誰が見ても矛盾しています。

　"プライマリーバランス"や"国債発行残高"という言葉が無意味であることは理解してもらえたと思います。そうであるなら、いっそのこと"消費税"という名の罰金を減らせば消費が増えるため、デフレは急速に解消できるというのが道理です。

国のために倹約する、自分が我慢すれば国が助かる、というのは間違いです。デフレの状況こそが国民総貧困化を招いているのですから、消費を増やす政策を実行する必要があります。消費税減税を求めることは我がままではありませんし、将来世代へのツケの先送りでもありません。自分も国民も将来世代も助かるのです。

　よくテレビなどで語られる「国の借金は、国民1人当たり800万円以上」という理屈は間違っています。国債とは政府と日銀間のやり取りです。国民は関係あ

りません。なぜ1人当たりとして計算することが流行
しているのか分かりませんが、この計算は無意味です。
決して国民が倹約すれば国が助かる、という話ではな
いのです。

少子高齢化はデフレの産物

　時々、「子供を産まないのは我がままだ」などと、とんでもないことを語る政治家がいます。しかし、子供を産みたくても経済的に産めない、あるいは、子供が2人以上欲しいけど、経済的に1人しか無理、という人がどれほどたくさんいるでしょうか？

　次のグラフは、理想とする子供の人数のアンケート結果です。

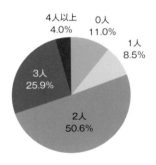

10代	20代	30代	40代	50代以上
4％	24％	38％	24％	10％

合計　13,960名
30代以下合計：66％（全体の2／3）

調査機関：マイボイスコム株式会社
回答者数：13,960名　（調査時期　2005年6月1日〜6月5日）

価値観は人それぞれですから、当然「子供はいらない」という人もいます。しかし、回答者の80％以上が「2人以上の子供が欲しい」と回答しているのです。

　この国民の要望に応えることができれば少子高齢化は解消します。子供を欲しくない人は作らず、欲しい人が子供を作ることができれば、少子化問題はなくなるのです。

　もちろん、経済的理由だけが少子化の原因ではありませんが、経済的理由で子供の数を制約している人が、チャンスを失わないような政策を進めることが大切です。

　20〜30代の多くが奨学金の返済などに追われ、経済的に困窮しています。

　デフレを原因とした貧困に向かってまっしぐらの日本では、少子化を解消することができないのは当たり前です。少子化が進行すれば、企業の将来不安が大きくなり、さらにデフレ圧力が大きくなってしまいます。

　そろそろここら辺で、負のスパイラルを断ち切ってもらいたいものです。

国債発行は為替相場を混乱させる？

今度はもう少しややこしい問題を取り上げてみましょう。

ここまでのすべての理屈や経済の成り立ちを理解したとしても、なお次のような難しい質問が起こります。「国債発行＝通貨発行は理解したけど、通貨を発行し過ぎたら円安になってしまう」というものです。

外国の通貨に対して円の量が増えれば、それだけ円の価値は下がります。過度な円安は確かに問題になります。輸入する食料品などの価格が上昇しますし、さらに、日本の土地などの資産を外国の投資家が容易に買うことができるようになります。この問題にはどのように答えれば良いでしょうか？

実は、日本は心配するような過度な円安にはならない構造になっています。理由は幾つかありますが、第一に、日本の経済は円安になると貿易黒字が大きくなるためです。

読者の方もよく知ってのとおり、円安になると工作機械や自動車などの輸出が増えます。当然ですね。1ドル＝100円なら、100万円の日本車を海外の人は1万ドルで購入しますが、円安になり1ドル＝200円になれば5,000ドルで購入できます。

その後、お金はどのように動くでしょうか？　海外

で売った日本車の代金を日本の会社はドルから円に交換しようとします。日本で働いている人がドルで給料をもらっても使えないのですから当然です。そのため、必然的に海外で稼いだ日本企業は円を欲しがることになり、円安にストップがかかるのです。

　もちろん、日本の景気が良くなれば輸入も増えますが、円安になればなるほど海外のモノは高くなり輸入し難くなるのでブレーキがかかるのです。

　結局、国債を発行して多少の円安になることは、むしろ日本の企業にとって有利に働くのです。

　それでもなお、過度な円安を心配する人がいるとすれば、日本の外貨準備高を調べてみれば安心するでしょう。日本の外貨準備は中国に次ぐ世界2位です。つまり大量のドルを保管していますので、円安が行き過ぎるようなら、日本自身が大量に保有しているドルで円を買うことができるのです。

　そもそも為替レートと国債発行に大きな関係はない、と理解すれば良いでしょう。為替レートは、国内の景気や国同士の貿易の構造によって決まるからです。

郵 便 は が き

1 6 0 - 8 7 9 1

141

東京都新宿区新宿1－10－1

㈱文芸社

愛読者カード係 行

||ı|ı·|ııı·ıı||ı||ı|ıı·ı·|ı|ı·ı|ı·ı·ı·|ı·ı·ı|ı·ı|ıı·ı|

ふりがな お名前		明治　大正 昭和　平成	年生　歳
ふりがな ご住所	□□□-□□□□		性別 男・女

お電話 番　号	（書籍ご注文の際に必要です）	ご職業	
E-mail			

ご購読雑誌（複数可）	ご購読新聞
	新聞

最近読んでおもしろかった本や今後、とりあげてほしいテーマをお教えください。

ご自分の研究成果や経験、お考え等を出版してみたいというお気持ちはありますか。

ある　　ない　　　内容・テーマ（　　　　　　　　　　　　　　　　　　　）

現在完成した作品をお持ちですか。

ある　　ない　　　ジャンル・原稿量（　　　　　　　　　　　　　　　　　　）

書　名							
お買上書　店	都道府県	市区郡	書店名				書店
			ご購入日	年	月		日

本書をどこでお知りになりましたか?
　1.書店店頭　2.知人にすすめられて　3.インターネット(サイト名
　4.DMハガキ　5.広告、記事を見て(新聞、雑誌名

上の質問に関連して、ご購入の決め手となったのは?
　1.タイトル　2.著者　3.内容　4.カバーデザイン　5.帯
　その他ご自由にお書きください。

本書についてのご意見、ご感想をお聞かせください。
①内容について

②カバー、タイトル、帯について

弊社Webサイトからもご意見、ご感想をお寄せいただけます。

ご協力ありがとうございました。
※お寄せいただいたご意見、ご感想は新聞広告等で匿名にて使わせていただくことがあります。
※お客様の個人情報は、小社からの連絡のみに使用します。社外に提供することは一切ありません。

■書籍のご注文は、お近くの書店または、ブックサービス(0120-29-9625
　セブンネットショッピング(http://7net.omni7.jp/)にお申し込み下さい。

デフレの今こそ国を変えるチャンス

　MMTを理解すれば、デフレの状況下では適度なインフレになるまで財政支出することが可能であり、必要であることが理解できます。もし、日本の現状が適度のインフレだった場合、これ以上の財政支出はできないので、国の仕組みを変えることは困難です。ですから、デフレである今の日本は財政支出が可能な稀なチャンスなのです。

　何に対して財政支出するかを決めるのが政治です。残念ながら、"プライマリーバランスの黒字化"という誤解に基づく間違った呪縛に捉われている状況では、財政支出を決断することさえ容易ではありません。

　正しくMMTを理解すれば、デフレ下で財政支出することは当然であり、問題は、「何に対して支出するか」という政治の問題に移行します。残念ながら緊縮政策を前面に掲げた内閣が次々に登場しました。

　橋本内閣、小泉内閣、鳩山内閣、菅内閣（民主党）、野田内閣、安倍内閣、菅内閣（自民党）と20年以上も緊縮財政を続け、最悪の経済状況が続いてきました。

　その間、建設業者の数は約60万社から10万社以上減り、多くの企業が廃業に追い込まれました。

　また、介護関係の仕事は、極度の低賃金に苦しみ、介護の質の低下が日々のニュースを賑わせています。

介護職の多くが若い人たちなので、その人々が貧困になれば、さらに少子化は進行します。

　大学では、国からの交付金の減額により、研究をやっているどころではないほどの資金難に追い込まれています。

　2019年、世界で最も影響力のある学術誌「Nature」で、日本の研究状況に関する特集記事が組まれました。"日本は、大学・研究機関の資金不足によって、すでに研究レベルは一流国から脱落の危機にある"という指摘です。インパクトのある論文雑誌への掲載は、先進国がどの国もその数を大きく増やしている中、日本だけが減少し続けています。

　少なくとも、日本の国会が緊縮財政か財政支出かというレベルの議論から抜け出し、何に対して投資するべきなのか、というステージに移って欲しいものです。

仮想通貨の本質

　最後に仮想通貨について少しだけ説明しておきたいと思います。

「将来、世界通貨としてビットコインをはじめとする仮想通貨が台頭する」といった論調を耳にすることがあります。しかし、原理的にそのようなことは起こり得ません。

　仮想通貨は外国とのお金のやり取りに手数料がかからないという点で便利なものです。もし読者の方々がビットコインを使った商品取引で大儲けしたとしましょう。しかし、国税庁に対してビットコインで納税することはできないため、結局、納税時は円に変換する必要が生じます。結果、パワーバランス的に、納税が認められている通貨を他の通貨が上回ることはありません。つまるところ、仮想通貨は、プラチナ、金、銀などの投機対象以上にはなり得ないということです。

投機して稼ごうということ自体は、人それぞれの自由ですが、根本から金融システムを変えてしまうようなことは起こり得ず、従来の金融システムは今後も維持されると思っておけば良いでしょう。

MMTが理解されれば国が変わる

　これまでの日本の世論調査では、「誰が総理になっても、どの政党が政権を取っても、どうせ日本は変わらない」という感想が多数です。しかし、そろそろ"経済の本質を理解していない間違った政治が、あっという間に国を貧困に追い込んでしまう"という事実を意識する時でしょう。

　どの政党がどんなことを主張しているか、を知る。あるいは事実を知り世論が変わる、という流れができれば、おそらく今後の日本は変わるでしょう。それを決めるのは、自分を含む国民の正しい理解であるということを意識したいものです。

おわりに

　この本を発刊するにあたり、私が経済に興味を持っ
たのはいつからなのか、自分で思い起こしてみました。
　おそらくは中学生の時、新聞の最後の方のページに
何やら数字の羅列が載っていて、それに興味を覚えた
時が最初だったのだろうと記憶しています。
　それは上場企業の毎日の株価の終値だったのですが、
自分の知っている会社に毎日数値が付けられ、それが
日々変わっていくことに興味を覚えました。
　その変動が企業の価値の移り変わりである、と知っ
た時、さらに不思議な気持ちになりました。昨日と今
日で何が変わったわけでもないのに、特定の会社の価
値が日々数％も変わっていくのです。それ以降、中
学生にして何社かの株価の変動をノートでグラフにす
るようなことを始めました。
　しかし、中学生だったこともあり、株で儲けたいと
かそういう方向に興味は向かわずに、「経済とは何な
のだろう？」ということをしばしば考えるような癖が
付いたのを記憶しています。
　就職してからも、「日本は少子化だから発展できな
い。日本は賃金が高いから発展できない」といった同
僚の意見を耳にするたびに、「本当にそうだろうか？
Google や Microsoft などは給与が高くて成長し続けた

じゃないか」と疑問を感じていました。今、私が確信していることは、「未来への投資なしに成長はない」ということです。

良い実例として、2009年のゼネラルモーターズ（GM）の経営破綻の原因の一つを挙げたいと思います。

日本がFF車（前輪駆動車）を世界に先駆けて積極的に開発していた時、GMの技術陣は自社でも積極的に開発すべきと経営陣に訴えましたが、経営陣はFF車の開発には多額の投資が必要な上に、小型車を売っても利益が小さい、という理由からFF車開発を認めませんでした。結局、日本車は世界を席巻し、GMは経営破綻しました。

現在の日本の政治家はどうでしょうか？　私には、当時のGMの経営陣と同じような感覚を持っているような気がしてなりません。

本書は、ここ数年でよく耳にするようになったMMTについて、論説者である三橋貴明氏、中野剛志氏、藤井聡氏、ステファニー・ケルトン氏らの著書・講演等と緊縮財政を主張している教授や政治家の方々の意見を比較・検討し、日銀等の公表している資料等も参考にしながら、自分の知見や考察を含めてまとめたものになります。

できるだけ難しい用語・説明等を避けて、肝要な部分はすべて網羅しながら、どなたにでも理解しやすくまとめることを心掛けました。

　おそらく今後もMMTを異端扱いし、「MMTは間違っている」、あるいは「MMTは何かを見落としている」という批判は続くでしょう。

　学者の方々はこれまでの物の見方に固執しがちで、新たな別の見方が出てくると、何とか間違いを見つけようとするものです。それは、多くの政治家や省庁にも言えるだろうと思っています。

　私の希望はMMTで説明されている内容が事実として当たり前になり"MMT"という言葉がなくなることです。

　これまでの習慣には、その習慣に基づいての行動指針があり、急に変えられると困る人たちがたくさんいます。しかし、物事には理由があります。財政破綻するのもしないのも、ちゃんと理由があるのです。

　ここまで、いろいろな方面から貨幣論を説明してきました。これまでの理論と同様に、この本に書いてある内容も疑いつつ、読者の方々が自分で何が正しいのかを調べていく一助になれば幸いです。

　　　　　　　　　　　　　　　　　　　川村史朗

著者プロフィール

川村　史朗（かわむら　ふみお）

東京理科大学工学部卒業
東京大学工学系研究科博士課程修了、博士（工学）
現在、文部科学省系国立研究所、主幹研究員

図解　30分でわかる
日本が財政破綻しないたしかな理由
Modern Monetary Theory〈ＭＭＴ〉の本当の説明

2021年9月15日　初版第1刷発行

著　者　　川村 史朗
発行者　　瓜谷 綱延
発行所　　株式会社文芸社
　　　　　〒160-0022　東京都新宿区新宿1－10－1
　　　　　　　　電話　03-5369-3060（代表）
　　　　　　　　　　　03-5369-2299（販売）

印刷所　　神谷印刷株式会社